N° 1707.

ASSEMBLÉE NATIONALE

ANNÉE 1873.

Annexe au procès-verbal de la séance du 24 mars 1873.

PROPOSITION DE LOI

AYANT POUR OBJET *la protection des enfants du premier âge et en particulier des nourrissons,*

PRÉSENTÉE

PAR M. THÉOPHILE ROUSSEL,
Membre de l'Assemblée nationale.

EXPOSÉ DES MOTIFS.

Messieurs,

Des mesures législatives tendant à diminuer la mortalité excessive des enfants nouveaux-nés et surtout des enfants en nourrice, pourraient, si je ne me trompe, occuper une place honorable parmi les derniers travaux de cette Assemblée, au nom de laquelle il a été affirmé souvent qu'elle considère les mesures de réparation matérielle et morale du pays comme la principale tâche imposée à son patriotisme par nos désastres.

Le mal contre lequel j'appelle l'assistance de la loi n'est pas de ceux qui peuvent, une fois constatés, nous laisser indifférents. Il n'est pas non plus de ceux qu'il serait possible de nier. Des documents irrécusables établissent qu'au milieu de notre civilisation la mortalité des enfants nouveaux-nés, dont la proportion normale, ne dépasse pas pendant la première année de la vie, la moyenne de 10 p. 0/0, s'élève à 40 p. 0/0 pour les enfants mis en nourrice et que, dans les localités où l'allaitement mercenaire est pratiqué en grand comme industrie, elle atteint les proportions de 60, 80 et jusqu'à 90 p. 0/0, pour certaines catégories d'enfants.

Les révélations des médecins sur ce sujet, les calculs des statisticiens, les réflexions stériles des moralistes, les discussions académiques et notamment les débats approfondis qui ont eu lieu à l'Académie de médecine, forment aujourd'hui des volumes. L'opinion publique s'en est émue fortement dans ces dernières années, et une sorte de soulèvement de tous les bons sentiments humains a fini par mettre en mouvement l'initiative privée et l'esprit d'association si souvent défaillants parmi nous. Les pouvoirs publics eux-mêmes, ont dû s'émouvoir malgré l'optimisme qui dominait, sur la fin de l'Empire, dans les régions officielles. Une enquête publique, réclamée par l'Académie de médecine, a été ouverte au mois de mars 1867, et en même temps que des *Sociétés protectrices de l'Enfance* (1) se créaient dans nos principaux centres de population, des Commissions officielles préparaient la voie à des mesures législatives. On était arrivé ainsi à élaborer un projet de loi, et ce projet allait être présenté au Corps législatif lorsque la guerre a éclaté.

Il m'a paru que tant d'efforts méritoires ne doivent pas être laissés plus longtemps sans résultats. Il serait hasardeux d'affirmer que le mal contre lequel ils ont été dirigés va grandissant ; il est certain du moins qu'il ne diminue pas (2) dans son intensité trop prouvée.

(1) La première *Société protectrice de l'Enfance* a été fondée à Paris, en 1863, par deux médecins, MM. Barrier et Alexandre Mayer. Elle a été reconnue comme établissement d'utilité publique en 1865. La Société de Lyon a été fondée en 1866; depuis lors il s'en est créé d'autres au Havre, à Rennes, à Tours. Toutes ces Sociétés ont le même but commun : *diminuer la mortalité des nourrissons*. Elles diffèrent seulement dans l'emploi des moyens, à cause de la différence des situations et des besoins locaux.

(2) Le tableau suivant, emprunté à M. Lefort, prouve les progrès de la mortalité de enfants au-dessous d'un an, de 1840 à 1860 :

Périodes	Naissances (non compris les mort-nés)	Décès	Proportion des décès sur 100 enfants
1840-1844	4.850.010	772.384	15,9
1845-1849	4.776.258	767.827	16,0
1850-1854	4.750.898	761.476	16,0
1855-1859	4.782.400	878.144	18,3

Le dernier recensement quinquennal, qui correspond à l'année 1872, (1) accuse, comme on sait, en dehors des faits propres à la guerre, la persistance d'un mouvement décroissant de la population française. Et, dans ce fait affligeant n'aperçoit-on pas la diminution des naissances et l'affreuse mortalité de certaines catégories d'enfants au berceau, comme les deux traits saillants ? Peut-on méconnaître, que le mouvement de *dépopulation*, n'est ici que l'expression trop fidèle et comme la mesure de ce qu'il faut bien appeler la *démoralisation* , puisque l'effacement des sentiments constitutifs de la famille et l'affaiblissement du plus vital et du plus essentiel de ces sentiments, l'amour maternel, se découvrent en tête des causes du mouvement descendant de notre population ?

Il n'y a donc pas à mettre en doute la sérieuse actualité et l'urgence de la question d'humanité et d'intérêt social que je viens, à la dernière heure, porter devant l'Assemblée. C'est pourquoi je me bornerai, dans l'espoir de rendre les délibérations plus promptes, à ajouter quelques notes et documents faisant connaître les faits principaux de la situation anormale, qui rend le premier âge la période la plus meurtrière de la vie pour un grand nombre d'enfants français.

L'industrie des nourrices, que le roi Jean avait comprise déjà dans les réglementations (2) de sa célèbre Ordonnance de police du

---

(1) Dans la série régulière des opérations de dénombrement officiel de la population française, le dernier recensement quinquennal aurait dû s'effectuer en 1871, le précédent ayant eu lieu en 1866. Mais en 1871, l'occupation par l'ennemi d'une partie notable de la France rendait l'opération impossible.

(2) Le titre XXVIII de cette Ordonnance, relatif au *salaire des chambrières*, fixait le gage des *nourrices sur lieu*, chez les bourgeois de Paris, à 50 *sols l'an*, avec obligation de ne pas laisser leur service *jusqu'à la fin de leur terme*.

Le titre XXIX porte que « Les nourrices nourrissans hors de la maison du père et de la mère des enfans gaigneront et prendront cent sols l'an et non plus ; et celles ja allouées reviendront audit prix et seront contraintes faire leur temps ; et, qui fera le contraire, sera à 60 sols d'amende, tant le donneur comme le preneur. »

Le second article est relatif aux *Recommandaresses* et porte que : « Les recommandaresses qui ont accoutumé à louer chambrières et nourrices, auront d'une chambrière 18 de

30 janvier 1350, a toujours eu de l'importance, et donné lieu à des abus autour des grands centres de population. Par des causes facilement saisissables, elle a pris, de nos jours, malgré les progrès du bien-être et l'amélioration générale des conditions de la vie, ses développements les plus malfaisants.

Dans un rapport (1) adressé, en 1861, au préfet de la Nièvre, un praticien du Morvan, le Dr Monot, signalait les faits suivants qui ont frappé vivement l'attention : « Tout le monde sait, disait ce médecin, la réputation dont jouissent les nourrices du Morvan, appelés *Bourguignones* ou *Bourguignotes*. Il y a 25 ans, c'est à peine si deux ou trois par commune se rendaient à Paris pour y *nourrir sur lieu*, et elles se recrutaient dans les familles les plus nécessiteuses ; aujourd'hui toutes les femmes, même dans les familles aisées, veulent aller à Paris. » M. Monot notait que, sous l'impulsion d'une avidité croissante du gain, du luxe et du bien-être, sur 2,884 femmes accouchées durant une période de sept ans, dans le canton de Montsauche, qui compte dix communes et environ 14,000 habitants, 1,897 femmes, c'est-à-dire *les deux tiers*, étaient parties pour aller *nourrir sur lieu* à Paris.

Je laisse de côté les conséquences morales d'une pareille émigration de tant de mères. Je m'arrête à ses seuls effets constatés sur la mortalité des enfants : « Il y a vingt ans, dit M. Monot, la nourrice qui voulait aller à Paris, attendait que son enfant eut atteint l'âge de sept ou huit mois avant d'entreprendre le voyage. Lorsqu'elle était placée, une nourrice qui devait continuer l'allaitement, allait chercher le nourrisson à Paris.... Aujourd'hui, à peine une

---

niers et d'une nourrice deux sols. Et ne les pourront louer qu'une fois l'an. Et, qui plus en donnera et en prendra, il l'amendera de dix sols ; et la commandaresse qui, deux fois en un an louera chambrière ou nourrice sera punie par prise de corps au pillory. »

L'institution des *recommandaresses*, plusieurs fois réglementée et supprimée par un édit royal de 1769, était très-ancienne. On la voit s'établir en 1284, dans une rue située près du *Prieuré Saint-Eloi*.

(1) Ce rapport adressé au Préfet, M. de Magnitot, et transmis au gouvernement par cet administrateur si zélé pour toutes les questions d'assistance, a été le point de départ d'un important mémoire que l'Académie de médecine vient de couronner et qui a paru en 1867 sous le titre de : *L'industrie des nourrices et la mortalité des petits enfants*.

femme est-elle rétablie de ses couches qu'elle se dispose à partir. Convaincue que plus son lait sera *jeune*, plus son placement sera avantageux ; ne considérant son enfant que comme un objet d'industrie, elle hâte ses préparatifs, et, sans avoir égard à la saison, sans se préoccuper de la faiblesse de son enfant, elle lui fait faire le voyage de Paris. »

M. Monot suit les nourrices morvandiotes dans les établissements connus sous le nom de *Bureaux de Nourrices*, « où elles présentent toujours, dit-il, comme échantillons de leur lait, des nourrissons frais et dodus. Ne croyez pas, ajoute-t-il, que celle qui aurait un enfant maladif le présenterait ; elle trouve moyen de s'en procurer un irréprochable. Une voisine lui prête le sien, moyennant salaire. Il arrive souvent que le même enfant fait le voyage de Paris deux et même trois fois.. le prix de location varie entre trente et quarante francs... Si une femme accouche d'un enfant mort-né, elle ne se place pas moins avec le secours d'un enfant de louage. »

Une fois la nourrice placée, il faut que son enfant retourne au village. Ce retour s'opère le plus souvent par une *meneuse* qui, après avoir mené à Paris un convoi de nourrices, repart pour faire de nouvelles recrues ; quelquefois il s'effectue par une nourrice qui retourne chez elle, après sa *nourriture* terminée. Le prix du voyage est d'ordinaire de 40 à 45 francs. Souvent, pour doubler ou tripler leur profit, ces femmes ramènent deux et même trois de ces petits êtres brusquement séparés du sein maternel. « Alors, suivant le même observateur, quelques-unes, pour faire cesser leurs gémissements et leurs cris, leur administrent des boissons narcotiques, du sirop de pavot et même du laudanum, leur procurant ainsi un sommeil factice, quelquefois le sommeil de la mort! »

On s'étonnera peu d'apprendre que d'assez fréquentes substitutions d'enfants figurent au nombre des résultats de ces lamentables voyages ; que les *meneuses*, pour lesquelles un enfant n'est jamais qu'un enfant, suivant la remarque de M. Monot, donnent à l'un l'enfant qui appartient à un autre, surtout lorsque, comme il arrive souvent, l'enfant n'est pas remis directement aux parents et ne leur arrive qu'après avoir passé par plusieurs mains.

Faut-il ajouter, comme dernier trait de ce tableau odieux,

ce fait encore trop souvent constaté, que ces malheureux enfants de mères mercenaires, une fois celles-ci parties, ne sont plus qu'un objet de peu de prix, lorsqu'ils ne deviennent pas un objet tout à fait gênant et à charge; en sorte que ceux qui ne sont pas morts de froid, d'inanition ou autrement, par suite du voyage, rencontrent chaque jour des chances de mort, dans la négligence ou même l'abandon qui les attendent sous le toit natal, ou dans l'abus des aliments grossiers dont on a coutume de les gorger en remplacement du lait maternel.

Pour prouver qu'il ne traçait pas un tableau de fantaisie, assombri à plaisir, le docteur Monot invoquait des relevés statistiques établissant : que dans son canton de Montsauche, pendant une période de 7 années, 449 enfants avaient péri sous l'influence des causes indiquées par lui, ce qui donnait une moyenne annuelle de 64, 14 décès imputables à l'industrie des nourrices, parmi les enfants dont les mères se livraient à cette industrie.

Mais ce n'est là qu'un côté, et le plus petit, du vaste sujet de la mortalité des enfants du premier âge. Les observations sur le sort des *nourrissons* proprement dits, c'est-à-dire des enfants appartenant aux classes industrielles, commerçantes et ouvrières des villes, et envoyés en nourrice à la campagne, n'ont pas offert des résultats moins lugubres ni des détails moins répugnants. Partout, dans les dix départements où l'industrie des nourrices semble parquée autour de Paris, ces résultats sont concordants ; partout, (1) dans les meilleures conditions de climat, de

(1) Une cause de mort, qui semble plus particulière à la Normandie, résulte de la coutume, qui des nourrices s'étend malheureusement aux mères elles-mêmes, de *l'allaitement artificiel* qu'on appelle *nourriture au petit pot*. Dans le département du Calvados notamment, le dénombrement de 1866, ayant constaté un mouvement de dépopulation qui s'accentuait surtout par une grande mortalité des petits enfants, le conseil d'hygiène fut consulté par le Préfet et il conclut par l'organe du docteur Denis Dumont, médecin des épidémies et professeur à l'Ecole de médecine de Caen : « *que l'influence du biberon sur* » *les nouveaux-nés pouvait se résumer par deux mots : la mort des uns et l'étiolement* » *des autres.* » Dans un mémoire sur *l'allaitement artificiel* publié à Caen en 1869, M. Denis-Dumont établit que la mortalité des enfants élevés au biberon atteint, dans le Calvados 30,77 pour 100, tandis que celle des enfants élevés au sein de leur mère n'est que de 16,89 pour 100. — Dans ce département la mortalité générale des enfants de 1 jour à 1 an est sensiblement la même que la moyenne de la France entière, soit environ 17

bien-être et d'aisance relative des populations, on découvre, en Normandie comme en Bourgogne, l'allaitement mercenaire prélevant sur la vie des nouveaux-nés, un tribut monstrueux. Partout les résultats se présentent à peu près les mêmes, et les tableaux si sombres que le Dr Brochard (1) retraçait en 1866, pour l'arrondissement de Nogent-le-Rotrou, s'éloignent peu de ceux que nous offre la suite du mémoire du Dr Monot pour l'arrondissement de Chateau-Chinon. « Il y a vingt ans, dit M. Brochard dans un écrit (2) plus récent, je rencontrais à chaque instant, sur les routes du Perche, de longues voitures, dans lesquelles étaient entassés pêle-mêle, comme des animaux revenant du marché, nourrices et nourrissons revenant de Paris. Ces nourrissons étaient couchés sur la paille. Malgré le froid et la neige, un *meneur* les colportait, le jour, la nuit, dans les hameaux, dans les villages voisins, chez leurs nourrices respectives. Quel était le sort réservé à ces pauvres enfants ? il est facile à deviner. La voiture du *meneur* dans le Perche, s'appelle le *Purgatoire*. Cela veut dire que tous les enfants qui en sortent vont dans le ciel, c'est-à-dire qu'ils meurent..! » « Que de fois, il m'est arrivé sur ces mêmes routes, d'entendre la cloche d'un village tinter un glas funèbre ! Que de fois on m'a dit : « *Ce n'est rien...* c'est un *petit Parisien* qui est mort! » Que de fois, entendant un cri plaintif s'échapper d'une chaumière, j'ai demandé s'il y avait là un enfant malade : « Ce n'est rien, me répondait une nourrice, c'est mon *petit Parisien* qui crie... la mort le tourmente. » Le malheureux n'avait pas d'autre oraison funèbre..! »

J'évite de m'étendre sur ces tableaux, où je rencontre de toutes (3)

---

pour 100. Dans la Manche ou toutes les conditions sont identiques à celles du Calvados sauf celle de l'allaitement artificiel, qui y est très peu usité, la moyenne générale de la mortalité des enfants de 1 jour à 1 an descend à 13 0/0.

(1) De la mortalité des nourrissons en France spécialement dans l'arrondissement de Nogent-le-Rotrou (Eure-et-Loir), par M. P. Brochard, ancien médecin de l'Hôtel-Dieu, de la prison et des épidémies de Nogent-le-Rotrou, Paris, 1866.

(2) Almanach des jeunes mères et des nourrices pour 1873, publié par la Société protectrice de l'enfance, de Lyon.

(3) « Au commencement de ma pratique, écrivait au docteur Brochard un médecin de » Savoie, M. Dagand, les nouveau-nés étaient colportés d'Albens (Savoie) à Alby (Haute-

parts des traits trop forts et que je crois exagérés. Je n'ai d'ailleurs pour but, dans cet exposé, que de déterminer avec exactitude, l'importance numérique de cette *conscription* terrible des nouveaux-nés, pour me servir d'une expression du Dr Boys de Loury.

Cette question a été l'objet, comme je l'ai déjà dit, d'études très nombreuses et de discussions considérables qu'il n'est pas possible de passer entièrement sous silence. Un rapport du Dr Blot, sur le Mémoire du Dr Monot, transmis à l'Académie de médecine par le Ministre de l'Instruction publique, a été, dans la séance du 16 septembre 1866, le point de départ de ces discussions. Dès leur début et sur les instances de M. Félix Boudet, l'Académie décida de mettre ce grave sujet avec tous ses développements à son ordre du jour, et de l'y retenir jusqu'à une étude assez complète pour provoquer une enquête administrative, et finalement démontrer la nécessité de recourir à des moyens législatifs. 34 séances ont été, pendant les années 1866, 1867, 1869 et 1870, consacrées à cette tâche. Les hommes les plus compétents y ont pris part. Avec MM. Blot et Boudet, MM. Bergeron, Béclard, Broca, Briquet, Bouchardat, Chauffard, Chevallier, Depaul, Devilliers, Devergie, Fauvel, Gubler, Guérard, J. Guérin, Husson, Larrey, Pidoux, Piorry, Robinet, Ségalas et Tardieu, ont apporté tour à tour le contingent de leurs lumières et de leur expérience.

Dans la séance du 15 mars 1870, un dernier rapport de M. Blot résumait ce grand débat et formulait, au nom d'une Commission spéciale (1) les conclusions pratiques qui en ressortaient.

» Savoie) au nombre de 3 ou 4 dans une même hotte par un messager qui allait de commune en commune les offrir à qui en voulait..... Quand les mignonnes créatures » pleuraient, le colporteur élevait et abaissait alternativement les épaules pour les secouer » comme des noix dans un panier : C'était de cette manière qu'il les berçait. Quand les » cris devenaient plus forts, il s'assayait au bord des chemins pour leur donner à sucer, à » tour de rôle, une fiole de lait qu'il portait dans sa poche... Les pauvres petits arri- » vaient à destination morts ou mourants. On faisait le triage, on déclarait le décès, la » sépulture avait lieu et tout était dit ! » — M. Brochard remarque, heureusement, que la Société protectrice de l'enfance de Lyon, au nom de laquelle il parle, n'a pas rencontré de pareilles scènes barbares, sur son chemin.

(1) Cette Commission était composée de **MM.** Husson, *Président*, Bergeron, Félix Boudet, Broca, Devergie, Devilliers, J. Guérin, Jacquemier, et Blot, *Rapporteur*.

Le fait d'une mortalité anormale et excessive des enfants du premier âge, et notamment des nourrissons parisiens, était mis hors de contestation.

Quant aux causes de cette excessive mortalité, il a été prouvé par la discussion qu'elles sont diverses :

La misère et l'ignorance avec les vices et les sollicitations criminelles qui en semblent inséparables, occupent ici, comme dans tous les maux de l'espèce humaine, la première place ; le nombre croissant des naissances illégitimes ; l'abandon de l'allaitement maternel ; l'abus de l'allaitement artificiel ; l'alimentation prématurée ; l'absence des soins médicaux ; la méconnaissance des règles de l'hygiène et de l'éducation physique ; l'obligation encore trop générale du transport des nouveaux-nés aux mairies ; les refroidissements et les autres épreuves auxquels les divers transports condamnent les nourrissons ; les vaccinations tardives ; la concentration de l'industrie nourricière sur un certain nombre de départements ; le défaut de surveillance de cette industrie et le manque d'inspection médicale, tant pour ce qui concerne le recrutement des nourrices que pour les soins à donner aux nourrissons : voilà pour les causes du mal. Quant aux moyens de le prévenir et de le combattre, voici, en laissant de côté les points qui sortent du domaine législatif, quelles ont été les conclusions pratiques formulées au nom de l'Académie de médecine :

1. Généraliser dans toute la France la constatation des naissances à domicile.

2. Favoriser la vaccination dès les premières semaines qui suivent la naissance.

3. Rendre plus sérieuse et plus efficace la surveillance administrative et médicale des enfants mis en nourrice à la campagne.

4. Etablir une réglementation de l'industrie nourricière d'après les données médicales indiquées dans un projet proposé par la Commission.

5. Encourager les sociétés protectrices de l'enfance et les comités locaux d'inspection des nourrices. Fonder des récompenses pour les nourrices méritantes.

6. Punir les faits d'incurie notoire ; les assimiler à l'homicide

par imprudence, s'ils sont suivis de mort ; et considérer comme coupables d'homicide volontaire les femmes qui, s'associant à des intentions criminelles, font périr lentement les petits enfants qui leur sont abandonnés.

Dans l'abondante contribution fournie par l'Académie de médecine, certaines parties rentrent plus directement dans le sujet que je traite, et je dois mentionner particulièrement les documents relatifs à ces milliers de nourrissons parisiens désignés dans les pays à nourrices sous le nom de *Petits-Bourgeois* ou *Petits-Paris*, et sur le sort desquels différents médecins, notamment le docteur Brochard, ont fait de si hideuses révélations.

Un membre de l'Académie, auquel sa grande expérience, ses lumières et les ressources exceptionnelles de sa situation donnaient une autorité spéciale, M. Husson, traita cette question, dans la séance du 23 octobre 1866. Elle n'était pas nouvelle pour l'administration de l'assistance publique de la ville de Paris, dont M. Husson était alors le Directeur et qui compte dans ses dépendances la *Direction municipale* (1) *des nourrices*, appelée vulgairement *bureau Sainte-Appolline*. Dès 1829, par suite de l'amoindrissement des opérations de cette Direction et de l'extension croissante des Bureaux particuliers de placement, l'administration de l'assistance publique avait dû signaler la nécessité de parer aux dangers dont était entourée la vie des enfants. En 1830 et 1832, les commissions réunies pour cet objet, avaient fait des démarches auprès du Gouvernement pour obtenir en faveur de la Direction municipale l'institution légale d'un privilége plaçant le recrutement et le louage des nourrices sous la protection d'une surveillance administrative. Après dix ans d'inaction, en 1841, une nouvelle Commission avait signalé les mêmes vices de situation et proposé les mêmes remèdes. Ces

(1) La *Direction des nourrices*, n'est que la continuation, à laquelle la loi du 10 janvier 1849 et un règlement spécial de 1851 ont donné sa forme actuelle, du *Grand bureau des nourrices de Paris*, créé par l'édit royal de 1769, à la place de la vieille institution des *Recommandaresses*, que cet édit avait supprimée. L'édit porte que le *Bureau* a pour mission : « De procurer aux mères de famille des nourrices dont la santé, la moralité et la position ont été préalablement constatées et d'assurer en même temps à ces femmes la parfaite intégrité de leurs salaires. »

vices s'étaient perpétués. Il était temps de connaître au vrai l'étendue et la profondeur des maux qu'ils causaient.

M. Husson établit d'abord, avec les meilleures données de la statistique et pour la France en général, la moyenne normale de la mortalité des enfants du premier âge. Il trouve qu'elle est d'un peu plus d'un sixième (1) (17,52 pour 100) pour les enfants d'un jour à un an, en basant son calcul sur la période de 1853 à 1860.

En examinant le détail des chiffres qui donnent ce résultat, on remarque un faible écart (de 0,36 pour 100). entre les campagnes et les villes et au détriment de celles-ci. Cet écart semblait naturel et facile à expliquer. Toutefois, dans les chiffres relatifs à l'agglomération parisienne, on trouvait entre la ville et les communes suburbaines un écart en sens inverse : la mortalité moyenne d'un jour à un an n'était que de 16,30 0/0 dans Paris, tandis qu'elle était de 17,98 0/0 dans la banlieue. Il y avait là évidemment une anomalie et en étudiant de près, on a fini par y découvrir la cause de l'une des plus grosses erreurs de la statistique sur le mouvement de la population des grandes villes. D'une part, en effet, tous les enfants nés dans ces villes sont inscrits en naissant sur les registres de l'État civil, et ceux de ces enfants qu'on envoie en nourrice continuent à y figurer après leur départ, le plus souvent même après leur mort à la campagne, qui n'est pas notée à la ville. D'autre part, ceux de ces enfants qui meurent en nourrice sont régulièrement inscrits aux registres des décès des communes rurales, qu'ils

(1) D'après le plus classique des documents publiés sur la mortalité en France à notre époque, celui que Heuschling a dressé pour la période décennale 1840-1849 à l'aide de toutes les feuilles mortuaires fournies pendant cette période par nos 86 départements, le *sixième ou 16 centièmes des enfants qui naissent en France, meurent dans le courant de la première année*. Ce chiffre n'a rien d'attristant comparé à ceux des anciens relevés. Il constate, en effet, une mortalité moindre que celle des tables de Duvillard qui donnent sur 1,000 naissances 767 survivants au bout de la première année, tandis que Heuschling en trouvait 840. La mortalité générale des enfants d'un jour à un an serait donc descendue d'un quart à un sixième, c'est-à-dire qu'elle aurait diminué d'un douzième ou de huit centièmes. En tenant ce résultat pour bien acquis, il ne sert qu'à montrer plus anormaux et plus monstreux les faits sur lesquels j'appelle l'intervention de la loi. — M. Bertillon, opérant sur la période de 1857 à 1864, a trouvé que la moyenne générale s'était élevée à 17,91 p. 0|0. Enfin, d'après les relevés officiels faits par la direction de la statistique générale pour la période de 1861 à 1865, cette moyenne aurait atteint 17,73 0|0.

chargent d'éléments étrangers. On a pu s'assurer ainsi que le chiffre trouvé pour Paris était trop faible, et qu'il était diminué de toute la mortalité des nourrissons parisiens qui meurent à la campagne. Dans une *Note* publiée en 1870, M. Husson a établi que la mortalité des enfants de moins d'un an, dans la ville de Paris, est en réalité de 24,36 p. 0/0.

Quoi qu'il en soit, M. Husson cherchait surtout à établir quelle est, par rapport à la mortalité générale des petits enfants français, la mortalité des nourrissons parisiens :

Sur 53,921 naissances (1) qui forment la moyenne annuelle pour Paris, le nombre des nouveaux-nés, qui restent dans leur famille, peut être évalué à 33,872. Celui des nouveaux-nés, confiés annuellement par la population parisienne à des nourrices mercenaires de la campagne, est de 20,049 ; Et ce nombre, d'après M. Husson, se décompose comme il suit :

Enfants placés directement en nourrice par les familles (évaluation).. 6.000

Enfants placés par les bureaux particuliers (évaluation). 9.000

Enfants placés par la direction municipale des nourrices. 2.031

Enfants assistés envoyés en nourrice................ 3.018

C'est principalement sur le sort des enfants des deux dernières catégories que les registres de l'Assistance publique pouvaient offrir des renseignements précis. Cette administration surveillait environ 4,000 pupilles en nourrice dans les départements de l'Aisne, d'Eure-et-Loir (2), de l'Orne, de la Somme et de l'Yonne. Sur ce nombre, M. Husson a trouvé, pour les pupilles d'un jour à un an, une mortalité annuelle de 33,93 (3) pour 100.

---

(1) Les chiffres ci-dessus ne sont pas ceux présentés à l'Académie le 23 octobre 1866, mais ceux qu'on trouve avec compléments et rectifications dans la *Note sur la mortalité des enfants du premier âge, nés dans la ville de Paris*, que M. Husson a publiée en 1870.

(2) L'administration a abandonné depuis les placements de ses pupilles dans le département d'Eure-et-Loir.

(3) Dans les résultats plus détaillés qu'il a publiés en 1870, M. Husson a séparé, dans la catégorie des nourrissons placés par la direction municipale des nourrices, les enfants légitimes des enfants illégitimes. Pour la période de 1862 à 1866, la mortalité des deux catégories réunies est de 29,81 p. 0[0 ; elle est de 33,09 p. 0[0 pour les enfants illégitimes et seulement de 27,83 pour les enfants légitimes.

Ce résultat était grave, nonobstant la juste remarque de M. Husson, qu'un quart au moins de ces enfants était né dans de mauvaises conditions ; il prouvait en effet que, malgré la surveillance administrative, la mortalité des enfants en nourrice d'un jour à un an était double de la mortalité générale des enfants du même âge en France. Mais cette moyenne était dépassée considérablement par celle de la mortalité des enfants-trouvés de la Seine. Ici, en effet, la moyenne des décès des enfants d'un jour à un an, qui, en 1828, avait atteint 56,70 pour cent, et 58,91 pour cent en 1858, s'élevait à 39,26 pour cent (1), en 1864.

Ces moyennes énormes se sont trouvées elles-mêmes faibles en regard des chiffres extraits, par M. Husson, d'un rapport officiel publié, en 1862, par le ministre de l'intérieur et applicable à l'année 1860. Les chiffres du rapport portent la mortalité suivante des enfants assistés d'un jour à un an, dans huit de nos plus riches départements :

Dans Indre-et-Loire, à 62,16 p. 0/0.
— Côte-d'Or, à 66,46
— Seine-et-Oise, à 69,23
— Aube, à 70,27
— Calvados, à 78,09
— Eure, à 78,12
— Seine-Inférieure, à 87,36
— Loire-Inférieure, à 90,50 (2).

---

(1) Dans sa note de 1870, M. Husson donne comme moyenne générale pour les 4 années 1863, 1864, 1865 et 1866, la proportion de 36,28 p. 0/0.

(2) Malgré ces chiffres effrayants, il faut noter encore ici que la mortalité générale des enfants assistés en France est moindre qu'autrefois. La moyenne annuelle ne dépasse pas 55 p. 0/0, proportion encore anormale et qui peut et doit être considérablement réduite, mais presque consolante, lorsqu'on la compare aux moyennes du temps passé. Il résulte, en effet, d'un rapport au Roi, présenté en 1818 par le Ministre de l'intérieur Lainé, qu'en 1787, 1788 et 1789, cette *moyenne* s'élevait à 91 pour cent, c'est-dire qu'elle dépassait *les chiffres maximum* de l'enquête de 1862. D'après le même rapport officiel, la moyenne générale pour les années 1815, 1816 et 1817, était de 75 pour cent. Enfin, Benoiston de Châteauneuf indique 60 pour cent pour 1824.

A cette époque les *enfants-assistés* surtout *les enfants trouvés* étaient, dans la plupart des pays, entassés dans des hospices. Villermé, traitant cette question en 1838 (Annales d'hygiène publique, t. XIX), s'exprimait ainsi à ce sujet : « Concluons que si les résultats fournis par les hospices d'enfants trouvés doivent être toujours aussi désastreux,

La proportion exacte de la mortalité des deux autres catégories d'enfants dont s'occupait M. Husson était plus difficile à déterminer, et dans sa Note publiée en 1870, nous lisons que la détermination exacte lui en semble impossible pour les enfants placés directement en nourrice par leurs familles. Je ne reproduirai pas les chiffres si élevés publiés par quelques médecins, pour des localités et dans des conditions particulières. Les résultats doivent d'ailleurs varier beaucoup avec les conditions, au milieu desquelles s'opère l'allaitement mercenaire. En règle générale, on peut dire pour les nourrissons parisiens comme pour ceux de toute provenance, que rien n'est aussi meurtrier que l'industrie de ces femmes appelées *nourrices sèches*, qui se chargent d'élever artificiellement plusieurs enfants à la fois. On en est arrivé à ce point que certaines populations, au milieu desquelles s'exerce cette industrie inhumaine, ont pu croire que ceux qui lui livrent les enfants n'ont pas d'autre but que de les faire périr (1). Les faits criminels sont loin cependant d'avoir l'extension que certaines imaginations leur ont prêtée. En regard des tableaux trop noircis, on rencontre avec satisfaction

---

il a eu raison celui qui a osé dire qu'on pourrait mettre au-dessus de ces maisons : *Ici on fait mourir les enfants aux frais du public* ; et que Malthus a eu raison aussi quand il a dit que pour arrêter la population, un homme indifférent sur les moyens n'aurait rien de mieux à faire que de multiplier ces établissements où les nouveau-nés seraient reçus sans distinction ni limites. J'ajoute : surtout si les enfants doivent être allaités au *biberon* ou au *petit-pôt*, du moins dans les circonstances où ils l'ont été jusqu'ici. » — Il était bien reconnu, en effet, dès 1838, que, parmi les causes multiples de l'effrayante mortalité des enfants trouvés, l'allaitement artificiel occupait une grande place.

(1) Dans une *Note sur le service des enfants trouvés de la Gironde*, M. Bethmann, administrateur de l'hospice des enfants assistés de Bordeaux, dit : « Des femmes qui se sont donné le nom de *courtières* surveillent la sortie des filles-mères à la Maternité, à la Clinique d'accouchements, à la porte des sages-femmes, se chargent de procurer aux mères, pour leurs enfants, des nourrices dans les localités déterminées par l'administration. Elles emportent, le plus souvent, les nouveau-nés dans des corbeilles, sans se préoccuper de les nourrir et traitent, à forfait, à prix débattu, avec de pauvres paysannes qui se chargent d'élever ces pauvres petites créatures comme elles élèvent leur bétail, leurs volailles et cela pour un minime salaire trimestriel. La différence qui existe entre le prix consenti par la mère et le prix payé à la nourrice constitue le bénéfice de la courtière.. .. Sans vouloir donner plus de crédit qu'il ne mérite au dire populaire, je répéterai, pour donner une idée de cette affreuse mortalité, que les populations du Blayais, n'ayant aucune connaissance des circulaires ministérielles et ignorant la suppression de l'intervention hospitalière, prétendaient que *l'hospice de Bordeaux, pour se débarrasser de ces malheureux enfants, les empoisonnait avant de les faire partir.* »

les observations de M. Husson sur les enfants mis en nourrice par beaucoup de petits bourgeois, de marchands et même d'artisans aisés de Paris, dans les départements de Seine-et-Oise, de Seine-et-Marne et de l'Oise, car ces observations prouvent que les placements directs peuvent satisfaire aux exigences de l'humanité et de la morale partout où une sérieuse surveillance s'établit et où la sollicitude des familles n'abandonne pas les nourrissons.

C'est sur la catégorie des enfants envoyés en nourrice à la campagne par les Bureaux particuliers de placement que se sont dirigées surtout et trop souvent avec raison, les plaintes de la plupart des médecins convenablement placés pour observer. J'énonce le fait et ici encore je m'arrêterai peu aux chiffres, persuadé, comme M. Husson, que les données valables font défaut pour établir des chiffres exacts de mortalité.

Le chiffre de 20 p. 0/0, avancé par les Bureaux eux-mêmes, était évidemment illusoire et ne méritait pas de confiance. D'autre part, les chiffres élevés, produits par le Dr Brochard, pour l'arrondissement de Nogent-le-Rotrou, n'ont pas été à l'abri des critiques. On peut néanmoins considérer comme établi par l'ensemble des constatations faites dans les départements (1) voués à l'industrie nourri-

(1) Pour s'assurer de la mortalité considérable des nourrissons de cette catégorie, il suffit de jeter un coup d'œil sur le tableau suivant, où se trouvent classés, avec le rang qu'ils occupent dans l'échelle de la mortalité, les 14 départements qui alimentent surtout de nourrices les bureaux de placement de Paris :

Eure-et-Loir.	Moyenne	de la mortalité des enfants entre un jour et un an :	89 0/0
Seine-Inférieure.	—	—	88
Yonne.	—	—	87
Aube.	—	—	86
Eure.	—	—	85
Seine-et-Marne.	—	—	84
Marne.	—	—	81
Oise.	—	—	81
Seine-et-Oise.	—	—	79
Loiret.	—	—	78
Somme.	—	—	76
Loir-et-Cher.	—	—	73
Aisne.	—	—	73
Côte-d'Or.	—	—	70

Ajoutons que la Direction municipale des nourrices de Paris n'envoie des nouveau-nés que dans l'Yonne, la Somme et l'Aisne, et que le service des enfants assistés de Paris n'effectue ses placements dans aucun des dix départements où le chiffre de la mortalité est le plus chargé, si ce n'est dans l'Yonne.

cière, que la mortalité de la catégorie d'enfants dont il s'agit es considérable. Récemment, dans un rapport présenté au Conseil municipal de Paris (séance du 2 mars 1872), M. le Dr Trélat, croyait être au-dessous de la vérité en l'évaluant à 50 p. 0/0. Il est certain qu'elle dépasse de beaucoup celle des enfants placés par la Direction municipale, laquelle, d'après M. Husson, opérant sur des données positives, se montait à 29,81 p. 0/0.

En présence des débats et des publications qui ont donné ainsi une importance et un intérêt si frappants à la question de la mortalité des nourrissons, le ministre de l'Intérieur de l'Empire se rendit sans délai au vœu exprimé par l'Académie de médecine, et, dès le mois de mars 1867, une enquête fut ouverte dans les dix départements qui reçoivent de préférence les nourrissons parisiens. Deux ans après, le 16 mars 1869, le ministre (M. Forcade de la Roquette), présentait un rapport à l'Empereur sur les résultats de cette enquête, « à laquelle, disait-il, le soin le plus scrupuleux avait présidé pendant 13 mois. »

Ce rapport officiel évalue le nombre d'enfants parisiens envoyés annuellement en nourrice à 25,000 au moins, dont 9,500 environ envoyés directement par les familles, et un nombre à peu près égal, placés par les Bureaux particuliers. Enfin, 6,500 enfants environ seraient placés par la Direction municipale et les hospices de Paris.

Le rapport constate, pour les premiers, qu'aucune notification n'est faite aux maires des localités où les enfants sont envoyés, ni par les familles, ni par les nourrices. Aucune notification n'est exigible d'ailleurs pour ces enfants.

Pour les deux autres catégories, le rapport constate également que cette notification, qui devrait avoir lieu, n'est opérée nulle part régulièrement, et « c'est là, ajoute le ministre, une des lacunes de la situation actuelle et un des points peut-être sur lesquels devra s'exercer avec le plus d'efficacité l'action administrative. »

Voici maintenant les résultats obtenus, dans les dix départements soumis à l'enquête, sur la mortalité comparée des enfants nés dans le pays et des nourrissons de Paris :

	Mortalité des enfants du pays (de 1 jour à 1 an).	Mortalité des nourrissons de Paris (de 1 jour à 1 an).
Seine-et-Marne,	19,05 p. 0/0	76,81 p. 0/0
Aisne,	21,22	62,87
Orne,	16,62	60,96
Eure-et-Loir,	18,44	59,13
Yonne,	17,07	57,73
Somme,	22,58	57,14
Sarthe,	30,27	56,45
Loir-et-Cher,	18,90	44,28
Loiret,	20,68	42,84
Nièvre,	17,47	30,40

En résumé, l'ensemble du tableau accuse pour les nourrissons de Paris envoyés dans ces dix départements, une mortalité générale de 51,68 p. 0/0, tandis que la mortalité relevée dans les communes pour les enfants du pays, n'est que de 19,92 p. 0/0.

Il serait impossible de produire un document officiel plus accusateur contre l'industrie nourricière et aussi une plus forte démonstration (1) des avantages de l'allaitement maternel et de la nécessité de surveiller l'allaitement mercenaire.

Ces résultats statistiques, amenaient le ministre à déclarer : « qu'en vertu d'une loi invariable, les enfants conservés et nourris dans les familles, échappent à la plupart des causes de mortalité qui déciment au contraire les enfants envoyés en nourrice loin de la surveillance et des soins de leurs parents. Cette surveillance n'existant pas, il faut qu'une autre s'y substitue. Cela est si vrai, ajoutait le Ministre, qu'en examinant le relevé de l'assistance publique on constate un notable avantage en faveur des élèves des hospices. La fixité des salaires des nourrices et l'inspection des médecins sont assurément les deux causes auxquelles doit être attribué ce résultat. On ne comprendrait pas en effet que des enfants nés pour la plupart dans des conditions déplorables pussent apporter à la mortalité un contingent moins fort que les enfants des familles! »

(1) On peut ajouter, en faveur de l'allaitement maternel, que les départements où il est le plus universellement pratiqué, sont, sur tous les points de la France, ceux où la mortalité des nouveau-nés est à son minimum, où la moyenne s'abaisse à 13 et 12 p. 0/0 et même à 10 p. 0/0, comme dans le département de la Creuse.

Le ministre arrivait à cette conclusion : qu'une mortalité considérable pèse sur les enfants nouveau-nés et particulièrement sur ceux de Paris et « qu'*il y a un intérêt d'humanité en même temps qu'un intérêt public à s'efforcer de l'atténuer*. »

Reconnaissant qu'il n'était plus permis aux pouvoirs publics de se désintéresser dans une pareille question et qu'eux seuls peuvent aviser à des mesures protectrices d'une application générale, le ministre proposait à l'Empereur de demander à des hommes, désignés par leur expérience et leurs travaux pour une semblable mission, les études préparatoires nécessaires pour la confection d'une loi.

En conséquence, par arrêté ministériel (annexé au rapport du 16 mars 1869), il fut institué une Commission (1) composée d'hommes éminents dans la science, la législation et l'administration et dont l'autorité et la compétence ne sauraient être contestées.

Cette Commission, pénétrée de l'importance du service qu'elle pouvait rendre, et prenant à cœur la tâche qui lui était confiée, est parvenue, en un an de travail, à préparer un projet de loi et un projet de Règlement complémentaire, embrassant tous les points essentiels de la question de la protection légale des enfants en nourrice. Occupé moi-même, depuis assez longtemps, de la même question, j'ai reçu de l'un des membres de la Commission, M. Félix Boudet, mon collègue à l'Académie de Médecine, la communication de ces projets et l'invitation de porter devant l'Assemblée nationale les conclusions d'études dont le cours inattendu des événements n'a pas permis de saisir le Corps législatif. Déjà le Conseil municipal de Paris, dans la séance du 2 mars 1872, avait émis le vœu que M. le Ministre de l'Intérieur voulut bien reconstituer la Commission dont je parle en ce moment afin que ces travaux pussent arriver à leur terme. J'ai espéré et attendu cette reconstitution et c'est pourquoi je me suis décidé seule-

(1) Cette Commission était formée de MM. de Royer, président ; de Mentque, Le Pelletier d'Aulnay, de Beauverger, de Mackau, Merruau, Genteur, de Bosredon, Husson, Marbeau, Bucquet, Melíon, Félix Boudet, Broca, Blot, Lenoir et Durangel, secrétaire, MM. Follet et Burin des Roziers faisaient partie de la Commission en qualité de secrétaires-adjoints.

ment à la dernière heure à déférer à l'invitation qui m'était faite d'user de mon droit d'initiative.

Le texte de la proposition de loi que je soumets à l'Assemblée n'est donc pas mon œuvre personnelle. Dans le fond, comme dans la forme, il est le fruit d'une longue élaboration collective qui comprend les efforts d'une réunion d'hommes choisis parmi les plus compétents. J'insiste sur ce point, non-seulement pour bien définir ici mon rôle ; mais encore pour montrer qu'un rapide examen de l'Assemblée, peut suffire pour amener à son dernier terme une œuvre à laquelle de si honorables efforts ont été consacrés.

Un sentiment des convenances facile à comprendre m'aurait interdit d'apporter en ce moment au texte que je présente quelques améliorations de détail dont je le crois susceptible. Une étude sommaire dans les bureaux et au sein d'une Commission de l'Assemblée suffira pour les y introduire. Ce texte n'est, après tout, examiné de près et à fond, que le rétablissement et l'adaptation aux conditions actuelles de notre société, de la législation qui, sous l'ancien régime, semble avoir protégé avec une certaine efficacité les enfants des bourgeois de Paris contre les abus de l'industrie nourricière. Sans compter la fameuse ordonnance du Roi Jean, dont j'ai rapporté le texte, il existe dans nos recueils législatifs, à partir du règne de Louis XIII, une série (1) d'Ordonnances royales, de *Déclarations* et de *Lettres patentes* du roi, d'Ordonnances du lieutenant général de police, d'Arrêts du Parlement, de Sentences du Châtelet, dont la

(1) Un arrêt du Parlement de Paris de 1611, soumit à des règles plus sévères l'ancienne profession des Recommanderesses. Les *meneurs* conduisant des nourrices ailleurs qu'au bureau de celles-ci, étaient punis d'une amende de 50 livres et à la prison et, en cas de récidive, à une punition corporelle. Les *sages-femmes* et *aubergistes* recevant, retirant ou louant des nourrices, étaient punis de même.

Des Lettres-patentes du Roi, de février 1615, renouvellent la défense à toutes personnes (autres que les *recommanderesses*, dont le nombre avait été fixé à quatre), de se mêler de procurer des nourrices ; obligation pour les femmes qui viennent à Paris pour se proposer comme nourrices, d'apporter un certificat du curé de leur paroisse, constatant leur état-civil, leurs mœurs et leur religion.

Les textes législatifs se multiplient dans le siècle suivant. Dans le préambule d'une *Déclaration du Roi*, en date du 29 janvier 1715, *portant règlement pour les recommanderesses et nourrices*, Louis XIV disait : « La profession de recommanderesses établie depuis longtemps dans notre bonne ville de Paris, étant très importante, non seulement

lecture nous apprend que toutes les mesures, presque sans exception, dont notre expérience démontre aujourd'hui la nécessité, auraient dû nous être suggérées par l'expérience de nos pères. S'il me fallait citer un des maux au prix desquels l'humanité a payé les immenses bienfaits de la Révolution française, je citerais l'abolition de l'ancien régime, dans la matière qui nous occupe et l'abandon des mesures tutélaires dont il avait su faire avec persévérance une

---

par rapport aux pères et aux mères dont elles ont soin de mettre les enfants entre les mains des nourrices de la campagne, qui sont obligées de s'adresser à elles, mais encore au bien de l'État, toujours intéressé à la conservation et à l'éducation des enfants, nous n'avons pas cru qu'il fût indigne de notre attention de pourvoir nous-même à une partie si importante de la police, dans laquelle nous avons avons appris qu'il s'était glissé beaucoup d'abus et comme il nous a paru que l'exécution du règlement que nous avons fait sur cette matière, regardait naturellement le magistrat qui est chargé du soin de la police dans notre bonne ville de Paris, nous avons jugé à propos de réformer l'ancien usage, qui, sans autre titre que la possession, avait attribué au lieutenant-criminel du Châtelet la connaissance de ce qui concerne les fonctions des recommandaresses, pour réunir à la police une inspection qui en fait véritablement partie et qui a beaucoup plus de rapport à la juridiction du lieutenant-général de la police qu'à celle du lieutenant-criminel. » — Outre cette mesure, si importante au point de vue de la surveillance et de l'application des sanctions pénales, le règlement annexé à la déclaration de 1715, contenait plusieurs dispositions notables :

« Défense aux nourrices, en cas de grossesse ou de toute autre cause d'empêchement, de prendre chez elles des enfants pour les allaiter, sous peine du fouet et de 50 livres d'amende payables par leurs maris.

» Défense aux nourrices d'élever à la fois deux nourrissons. Obligation d'avertir les parents si elles deviennent enceintes ou s'il survient d'autres circonstances pouvant empêcher ou rendre nuisible la nourriture des enfants. Défense de ramener prématurément les enfants, si ce n'est sur l'ordre des parents ou sur l'autorisation du lieutenant-général de police.

» Obligation pour les nourrices d'emporter, avec l'enfant, son acte de naissance et de le remettre au curé de la paroisse de son domicile.

» Pouvoir donné au lieutenant-général de police de faire poursuivre les parents débiteurs des mois de nourrices, par toutes voies, même par prise de corps. »

Une *déclaration du Roi*, datée de Versailles, 1er mars 1727, portait défense aux nourrices de prendre des enfants pour les remettre à d'autres femmes. Défense aux meneurs d'emmener des enfants sans les nourrices qui ont pris charge de les allaiter, etc. Le tout sous peine du fouet pour les femmes et d'amende pour les maris.

Une autre *déclaration*, de juillet 1729, complétait la précédente.

Trois ordonnances du lieutenant-général de police, des 13 juin 1747, 9 mai 1749 et 25 mars 1753, portaient ; la première, l'extension aux enfants sevrés de la défense de faire transporter les enfants autrement que par l'intermédiaire des recommandaresses. La seconde, obligation aux bourgeois qui confient directement leurs enfants à des nourrices de leurs choix, de les munir d'un certificat constatant leur état-civil. La troisième, défense

sorte de système protecteur de la vie des nourrissons de nos principaux centres de population (1).

Une mesure prise sous l'influence visible de l'aversion du passé, sentiment légitime à tant d'égard, mais parfois trop aveugle, produisit

---

aux *meneurs* et *meneuses* de remettre le salaire des nourrices autrement qu'en présence du curé, vicaire ou desservant de la paroisse.

Une autre ordonnance de police, du 17 juin 1762, défendait aux nourrices de se charger d'un nourrisson avant le sevrage de leur propre enfant, lequel ne devait pas être âgé de plus de sept mois.

L'importante déclaration du Roi, du 24 juillet 1769 (datée de Compiègne) et qui a supprimé la vieille institution des recommandaresses et établi le *bureau général des nourrices de Paris*, qui est devenu la *direction municipale*, ou *bureau Sainte-Appoline*, porte, dans son préambule : « Louis, etc.. L'établissement des recommandaresses dans notre bonne ville de Paris, aurait toujours paru si important, par rapport au bien de l'État, que, le feu Roi notre très-honoré Seigneur et bisaïeul, aurait jugé nécessaire de former sur cet objet divers articles de règlement auxquels nous aurions cru devoir nous-même en ajouter de nouveaux par notre déclaration du 1er mars 1727, dans la vue de perfectionner de plus en plus, un établissement aussi utile; mais quelque avantage que le public en ait retiré, jusqu'à présent, nous aurions reconnu que le succès n'avait pas encore répondu à ce que nous aurions pu nous en promettre, soit parce que les bureaux des recommandaresses se trouvant situés dans des lieux trop serrés, il en résultait un préjudice pour la santé des nourrices et des nourrissons, soit parce que les nourrices étant souvent dans le cas d'attendre pendant longtemps le paiement de leurs mois de nourriture, par les obstacles qui se rencontraient dans les recouvrements, on s'apercevait de jour en jour de la diminution dans le nombre de celles qui étaient dans l'usage de venir chercher les nourrissons; soit enfin, parce que les pères et mères n'ayant que rarement des nouvelles de leurs enfants, ils n'étaient pas informés ni assez tôt, ni assez fréquemment de leurs besoins pour pouvoir y subvenir; c'est ce qui nous aurait déterminé, d'un côté, de substituer aux quatre bureaux de recommandaresses, ci-devant établis par nos déclarations, un seul bureau général qui, par sa situation et son étendue, puisse procurer des logements également sains et commodes pour les nourrices et pour les enfants qui leur sont confiés; et, d'un autre côté, de charger les directeurs préposés pour la direction de ce bureau, non-seulement de faire aux nourrices des avances de leurs mois de nourriture, sauf leurs recours contre les pères et mères desdits enfants, mais même d'entretenir entre les nourrices et lesdits pères et mères une correspondance continuelle qui les mette en état de concourir tous également à la sûreté des jours de leurs enfants,» etc.—L'ordonnance portait la création d'inspecteurs de tournées qui devaient se transporter dans tous les lieux où il y avait des nourrissons de Paris, à l'effet de visiter ces nourrissons et de faire exécuter tout ce qui était ordonné par le lieutenant-général de Paris.

Enfin, une ordonnance du lieutenant de police, du 19 novembre 1773, prescrivait aux meneurs d'avoir des charrettes bien closes et garnies de paille, avec défense d'y introduire d'autres ballots, paquets ou marchandises, que les effets des nourrices et les layettes des nourrissons.

(1) L'ancien régime n'avait pas seulement pourvu aux mesures nécessaires pour sauvegarder la vie et la santé des nourrissons parisiens. Il existe des lettres patentes du roi Louis XVI, du mois de mai 1780, enregistrées au Parlement le 22 août, portant établissement d'un bureau de nourrices à Lyon. « Nous sommes informé, disait le roi, que les habitants de notre ville de Lyon se procurent difficilement des nourrices pour leurs enfants

une sorte de solution de continuité. La municipalité de Paris, étendant sur ce terrain son pouvoir envahissant, rendit le 15 messidor an II, un arrêté dont les deux considérants suivants méritent d'être cités :

» Considérant que cette Direction étant créée sous le règne de la tyrannie, il a pu s'y glisser quelques abus qu'il est essentiel de réprimer ;

» Considérant enfin que la surveillance de ces bureaux ne peut être exercée par les administrateurs du département de la police attendu qu'ils ne sont nullement de son ressort ;

Arrête : Que cette Direction sera, comme établissement réunie, au

---

et sont d'ailleurs alarmés de se voir dans la nécessité de les confier aux premières femmes de campagne qui leur sont présentées sans choix ni précaution ; nous croyons qu'il est de notre sagesse et de notre amour pour nos sujets de pourvoir à un objet aussi important dans une ville dont le commerce augmente journellement la population et nous ne voyons pas de moyens plus sûrs que d'établir à Lyon un bureau de nourrices pareil à ceux de Paris, de Versailles et de Saint-Germain-en-Laye.

I. Il sera établi dans la ville de Lyon un bureau général de location de nourrices, et d'assurances de leurs salaires ; il se tiendra dans une maison capable de contenir avec ordre et propreté toutes les femmes de la campagne qui viendraient lever des nourrissons ; ce bureau sera dirigé sous les ordres, l'inspection et la juridiction du prévôt des marchands et échevins de ladite ville ou de l'officier par eux préposé à l'exercice de la place de lieutenant de police.

III. Les meneurs ou les meneuses que le prévôt des marchands et échevins ou le lieutenant de police commettront, sur la présentation du directeur, pour amener les nourrices au bureau et les ramener chez elles, seront chargés de recevoir les deniers de leurs mois de nourriture et de leur en faire le paiement dans la quinzaine de leur retour chez eux. Ils seront porteurs de registres contenant quatre colonnes : dans la première ils inscriront ou feront inscrire les mois qu'ils toucheront pour les nourrices : dans la seconde ils feront note des ordres des pères et mères : dans la troisième ils feront mention des sommes qu'ils paieront aux nourrices, lesquels paiements ils ne pourront faire qu'en présence du curé, vicaire ou desservant ; et dans la quatrième ils feront note de l'état de l'enfant et des demandes des nourrices.

VII. Pour parvenir au recouvrement des sommes dues aux nourrices, ou à la caisse du bureau qui en aurait fait l'avance, il sera arrêté, mois par mois, un rôle qui contiendra les noms, professions et demeures des pères et mères, les noms des nourrissons, les noms et demeures des maris des nourrices, les prix et échéances des mois exigibles. Ce rôle sera vérifié et rendu exécutoire à la réquisition du procureur du roi au siége de la police, par l'ordonnance du lieutenant de police, laquelle, nonobstant appel ou opposition sera exécutée à la diligence du directeur.

Des arrêtés préfectoraux, dont le plus ancien date du 9 Pluviose an XI, et l'un des plus récents du 27 novembre 1853, ont constitué la réglementation actuelle, très-digne d'attention des bureaux de placement de Lyon. Voir un opuscule, publié à Lyon, intitulé : *Des bureaux de placement des nourrices, de leur importance, de leur organisation.*

département des établissements publics ; que les administrateurs du département feront un examen scrupuleux des travaux et charges attribués à cette direction, pour en écarter tout ce qui serait nuisible à la société. »

Un arrêté des consuls du 29 germidal an IX, maintint définitivement cette attribution de la Direction du bureau des nourrices à l'administration des hôpitaux et établissements des secours de Paris et les raisons opposées à cette décision par le nouveau chef de l'administration dépossédée, ne prévalurent pas : « Quand on a, disait le préfet de police Dubois, suivi la marche de l'établissement depuis son origine, qu'on a vu ses rapports avec l'ancienne police, qu'on a examiné la nature des pouvoirs accordés aux diverses autorités centrales de cette ville, on demeure convaincu que l'administrateur du bureau des *nourrices appartient essentiellement à la police administrative puisqu'elle seule peut renouveler les anciennes ordonnances de police, les faire exécuter, dénoncer les délits aux tribunaux* et avoir des rapports avec les autorités extérieures ; *qu'il n'y a que l'œil de la police qui puisse prévenir et réprimer les contraventions que les nourrices et les meneurs sont continuellement interressés à introduire dans cette partie de l'administration ; et, qu'enfin cet établissement, dirigé par une autorité qui n'aurait aucun pouvoir répressif, languirait nécessairement dans ses mains et serait à chaque instant entravé dans sa marche.* »

Le Conseil général des hospices répondit par l'organe de Thouret : « que le bureau des nourrices n'étant qu'une agence établie entre les pères et mères d'une part, et les nourrices de l'autre, pour faciliter le placement des enfants et assurer leur conservation, appartenait à l'administration comme tout ce qui tient au maintien et à l'accroissement de la population et que si cette agence devait être attribuée à l'une des préfectures de Paris, c'est par son essence, à celle du département de la Seine qu'il conviendrait de la réunir... Mais, son principal objet étant de prévenir l'abandon des enfants, qui se multiplierait si ce moyen n'existait pas de rapprocher les nourrices de la campagne des familles peu fortunées et d'en maintenir le prix à un taux modéré par la concurrence ; et, le résultat inévitable de cette institution, étant d'appeler les secours de la bienfaisance publique et particulière... ce sont, dès lors, des motifs justement fondés, que ceux qui ont déterminé le Gouvernement à réunir le bureau des nourrices au Conseil général formé par l'administration, à Paris, de tout ce qui, par la nature de son institution, porte avec soi le caractère d'établissement de bienfaisance. »

Les arguments de Thouret étaient plausibles en théorie ; en pratique on vit bientôt les anciennes règles comme invalidées par le défaut de sanction pénale, de poursuite des infractions et de moyen d'appliquer des peines d'ailleurs surannées. Les anciennes sources de législation ont ainsi tari en quelque sorte, sans être suffisamment remplacées par les arrêtés du Gouvernement du 12 messidor an VIII (1er juillet 1800) et du 8 brumaire an IX (25 octobre 1800), par le décret du 30 juin 1806 et par l'application des articles 319, 320 et 484 du Code pénal, qui constituent, avec l'ordonnance de la police du 26 juin 1842, ce qu'on peut appeler la législation moderne.

Il faut dire toutefois que l'administration de l'assistance publique à Paris n'a pas été infidèle à sa mission, et qu'elle n'a manqué ni de zèle ni d'habileté dans la gestion du grand intérêt d'humanité que la Révolution avait remis en ses mains. Il suffit de parcourir la série des *Instructions* publiées sur le service de la Direction municipale des nourrices et sur le service des enfants assistés du département de la Seine, pour reconnaître qu'aucune des vérités proclamées anciennement n'a été méconnue, qu'aucune bonne mesure n'a été oubliée. On peut même citer ces documents comme offrant la systématisation la plus complète des mesures consacrées par l'expérience et méritant d'être donné en modèles. J'oserais presque dire qu'il suffirait à l'Assemblée nationale, pour faire une bonne loi, d'ajouter à la proposition que je lui soumets en ce moment quelques emprunts faits au chapitre III de l'Instruction générale sur le service des enfants assistés (édition de 1871) et à l'édition, publiée en 1872, de l'Instruction sur le service de la Direction municipale.

Il est triste d'avoir à montrer comment la bonté même des principes suivis par l'administration de l'Assistance est devenue une des causes de son insuccès, et de l'amoindrissement de sa clientèle et de son influence. Le Dr Donné s'exprimait ainsi

(1), en 1846 : « Le Direction générale satisfait à toutes les conditions d'une bonne et sage hygiène. Malheureusement ses intentions charitables se trouvent paralysées par l'industrie privée, qui a établi pour faire concurrence à l'administration, des bureaux particuliers de placement, dans lesquels la spéculation, prenant la première place, a trop souvent méconnu les lois de l'hygiène et les droits de l'humanité. Les bureaux particuliers de nourrices qui se sont élevés clandestinement et peu à peu multipliés au point de tout envahir, font à la direction générale une concurrence à laquelle elle succombe. La concurrence, si favorable aux progrès lorsqu'elle est franche et loyale, produit ici des effets désastreux. »

D'autre part M. Donné citait comme cause des succès de l'exploitation nourricière par l'industrie privée, les primes offertes aux sages-femmes et aux médecins pour chaque location de nourrice. M. Husson accusait, en 1860, l'insuffisance des prix de pensions payés aux nourrices par la Direction municipale. En réalité, la principale cause du succès croissant des bureaux particuliers, s'est rencontrée dans la liberté sans frein et dans le défaut de surveillance des opérations de ces bureaux.

L'administration de la police a cru, enfin, trouver dans les abus mêmes de cette liberté, une occasion de récupérer une partie des attributions qu'elle avait perdues et de faire rentrer les bureaux particuliers dans son domaine. L'ordonnance du préfet de police du 26 juin 1842, qui régit encore ces établissements, a reproduit, en 17 articles, les meilleures prescriptions édictées sous l'ancien régime, sur les nourrices, les directeurs de bureaux, les logeurs, meneurs et meneuses de nourrices. L'effet de cette ordonnance a été cependant peu marqué. L'article 16 était ainsi conçu : « Les contraventions à cette ordonnance seront déférées aux tribunaux, pour être *poursuivies conformément aux lois et règlements.* » Par malheur l'exécution a fait défaut, et les effets de l'ordonnance ont manqué, faute d'une mise en pratique rigoureuse de ses prescriptions et de l'application des sanctions pénales. « Les femmes de la campagne, écrivait, en 1866, le

(1) Conseils aux mères sur l'allaitement.

Dr Brochard, pour lesquelles toute surveillance est un motif inné de répulsion, préfèrent les bureaux particuliers, et partout aujourd'hui les nourrissons de ces établissements remplacent ceux de la Direction. » — « J'ai fait, ajoute-t-il plus loin, pendant 18 ans la contrevisite des nourrices qui, de tous les points de l'arrondissement de Nogent-le-Rotrou, se rendaient deux fois par mois à la Direction générale. Parmi ces femmes, il y avait d'excellentes nourrices ; il s'en trouvait nécessairement de mauvaises; à chaque départ j'en refusais un certain nombre. Toutes les femmes que je refusais ainsi se rendaient immédiatement aux petits bureaux et ramenaient toujours des nourrissons. »

L'exposé qui précède fait bien comprendre, je crois, les pressantes nécessités auxquelles les efforts successifs de la Commission instituée à l'Académie de médecine et de la Commission mixte créée par le décret du 16 mars 1869, ont cherché à pourvoir en demandant une nouvelle intervention de la loi et travaillant à la préparer. Mais si, aux motifs trop graves déjà, que l'on peut tirer des faits constatés dans le rayon de la grande agglomération parisienne, on ajoute : qu'une situation, sinon plus triste, du moins plus délaissée et moins protégée, existe autour de beaucoup de nos villes, dépourvues de bureaux de placement ou livrées à des bureaux sans surveillance, on ne peut pas méconnaître plus longtemps l'urgente nécessité de mesures auxquelles une loi seule peut donner une portée générale. Les écrits de divers médecins, notamment les communications faites par M. le Dr Devilliers à l'Académie de médecine sur le Havre, Besançon (1), Lyon (2) et Marseille,

---

(1) Besançon, ville de 40,000 âmes, ne possédait pas en 1866, d'autres bureaux pour les nourrices que les bureaux de placement pour les domestiques et ceux-ci ne sont assujétis à aucune règlementation particulière. « Il y a, dit M. Devilliers, autour de Besançon, » indépendamment des nourrices au sein, des vieilles femmes pauvres qui sont bien con- » nues pour faire le métier d'élever des enfants au biberon ; elles acceptent, quels qu'il » soient les nourrissons qu'on leur confie, aux prix de 12, 15 et 20 fr. Voici une des preuves » de l'extension qu'a prise cette espèce d'industrie et les abus dont elle est la source. On » lit, suivant le docteur Perron, sur une tombe, dans un des cimetières de la ville, cette » singulière épitaphe : *Cy gît.. Qui fut nourrice de quatre vingt-seize enfants!* » (Discours prononcé dans la séance du 6 novembre 1866).

(2) M. Devilliers donne les raisons suivantes de l'abandon de l'allaitement maternel par

prouvent qu'il y a d'utiles leçons à prendre sur certains points, de grands maux à guérir et beaucoup de bien à faire partout.

Je ne puis quitter ce triste sujet sans dire en peu de mots quelle est la situation de la France à cet égard, comparativement à celle des nations qui l'entourent. D'après les chiffres les plus connus et qui se rapportent aux vingt années antérieures à 1860, la mortalité des enfants à la mamelle, pris en bloc, serait beaucoup plus élevée dans notre pays qu'en Belgique et en Angleterre. Elle serait (1) un peu moins élevée qu'en Hollande et même qu'en Prusse. Il convient de remarquer, sur ce dernier résultat et en admettant qu'il soit confirmé par les relevés plus récents, que la proportion des décès constatés dans les deux pays reste toujours un fait plus grave pour le nôtre, à cause de la différence marquée et croissante, à notre préjudice, dans la fécondité des populations.

Si l'étendue de cet exposé de motifs ne m'interdisait toute autre excursion à l'étranger, je puiserais dans l'exemple des nations voisines un dernier motif pour l'Assemblée de voter, avant sa séparation, les mesures de protection que je réclame en faveur des nourrissons. Le Parlement anglais lui a déjà frayé la route. Effrayé des progrès rapides de l'industrie connue sous le nom tout nouveau de *Baby-Farming* (2), pré-

» un grand nombre de femmes Lyonnaises : « Comme les femmes des commerçants ont » en général autant d'importance dans leurs maisons que leurs maris, elles ne peuvent » nourrir elles-mêmes ; et d'ailleurs elles habitent le plus souvent loin de leurs magasins » et sont obligées de s'adresser aux bureaux de nourrices. Il en est de même des ouvrières » en soie et des femmes d'ouvriers qui gagnent presqu'autant que leurs maris et ont in- » térêt à mettre leurs enfants en nourrice à la campagne. »

(1) M. Lefort (du Mouvement de la population en France, 1867) a réfuté les assertions des économistes qui ont avancé que nous perdons moins d'enfants, surtout de la 1re année, que la plupart des peuples de l'Europe. Voici un tableau de la mortalité des enfants de la naissance à 1 an dans différents pays.

PAYS	PÉRIODES	NAISSANCES (Non compris les mort-nés)	DÉCÈS	PROPORTION POUR 100
Angleterre	1837 — 1853	9,718.886	1,452,902	14,9
Belgique	1841 — 1850	1,299,681	195,282	15,0
France	1850 — 1859	9,543.298	1,639,520	17,1
Prusse	1859 — 1861	2,108,627	376,844	17,8
Hollande	1850 — 1859	1,075,979	210,112	19,5

(2) On a publié à Londres, en 1869, une intéressante Lecture faite à ce sujet à l'*Association nationale pour les progrès de la science sociale*, par le Dr Brendon-Curgenven,

occupé de la multiplication des infanticides et du sort des enfants illégitimes, le comte de Shaftesbury demandait, en 1868, au Président du conseil des ministres « si l'attention du gouvernement s'était portée sur cette industrie et, en cas d'affirmative, s'il entendait faire une enquête sur ce sujet, remarquant que, dans le *Baby farming*, les enfants étaient envoyés trop souventen nourrice dans l'intention d'être détruits, système qui excitait une grande horreur et que l'état actuel des lois était tel qu'elles demeuraient entièrement impuissantes contre ces pratiques. Le peuple se familiarisait ainsi avec le crime et croyait que la loi ne pouvait pas l'atteindre. »

Le duc de Marlborough remercia le noble comte d'avoir soulevé une question d'une si haute importance. Il reconnaissait que, « malheureusement, le système du *Baby farming*, à l'aide duquel les plus grands crimes pouvaient être commis, n'avait que trop d'extension ; que des mesures devaient être prises pour mettre un terme à des pratiques aussi inhumaines ; que le gouvernement s'occuperait de la question dans l'intervalle des sessions, et il témoigna l'espoir qu'on pourrait découvrir et réunir en un bill des moyens propres à obvier à des abus si dangereux pour la société.»

La réalisation de cette promesse ne s'est pas fait trop attendre, puisque dans la dernière session du Parlement, le 25 juillet 1872, une loi (1), en 16 articles « *pour la meilleure protection de la vie des enfants,* » a été votée, et tout semble prouver que ce n'est là qu'un premier pas dans la voie des réformes en cette matière difficile. Dans la session actuelle, MM. Charley, Eykin, Mundella et Whitewell ont déposé (2) un bill *pour amender les lois sur la*

---

secrétaire de la Société médicale Harvéienne. Le *British medical journal* avait déjà publié l'année précédente une série d'articles faisant connaître les maux produits par l'industrie nourricière et réclamant énergiquement la surveillance de l'autorité. Les maux dont on parle ont donné lieu à la création d'une Société protectrice (Infant life protection Society), qui compte M. Brendon-Curgenven au premier rang de ses membres actifs. Ce médecin avait précédemment (en juin 1866), soulevé au sein de la Société Harvéienne d'intéressants débats sur l'infanticide en Angleterre.

(1) Ant act for the better Protection of Infaut Life. (Chapter 38. Ann. D. 1872. 25 th. july. — 35 and 36. Victoriæ R.). L'article 16 porte : This Act may be cited as « *The Infant Life protection act.* 1872. »

(2) A Bill to amend the Laws relating to Seduction. (Bill. n° 10. Ann. 36. Victor.-R.)

séduction. L'impression de ce projet a été ordonnée, le 17 février dernier, par la Chambre des communes.

Je garde l'espoir que l'Assemblée nationale, au milieu de ses préoccupations et bien que ses jours semblent presque comptés, saura ne pas demeurer en arrière du Parlement anglais, dans une pareille question d'intérêt public et d'humanité.

PROJET DE LOI.

TITRE PREMIER.

Des obligations imposées aux nourrices et aux divers agents de placement.

Article 1er.

Toute personne qui, moyennant salaire, reçoit chez elle un nourrisson ou un enfant en sevrage, est tenue d'en faire la déclaration dans le délai de trois jours, au maire de la commune où elle réside, sous les peines portées à l'article 346 du Code pénal.

Art. 2.

Cette déclaration est inscrite sur un registre spécial, coté et paraphé par le juge de paix. Elle contient la date du jour où elle est reçue, le sexe, les nom, prénoms et âge de l'enfant ; les noms, profession et domicile des parents, s'ils sont connus, et, dans tous les cas, ceux de la personne par qui l'enfant a été remis ; les nom, domicile et profession de la personne chez qui il est déposé et qui fait la déclaration.

Cette déclaration est signée par le maire et par le déclarant, ou contient la mention que ce dernier ne sait ou ne peut signer.

Si la nourrice va habiter une autre commune, elle est tenue de renouveler sa déclaration devant le maire de cette commune.

Art. 3.

En cas de départ ou de décès de l'enfant, la personne qui l'a reçu chez elle est tenue de faire, dans le délai, et sous les pénalités prescrites par l'article premier, une nouvelle déclaration.

Cette déclaration mentionne la date du décès ou celle du départ; et dans le dernier cas, les noms, domicile et profession de la personne à qui l'enfant a été remis.

Art. 4.

Le registre prescrit par l'art. 2, est arrêté par le maire au 31 décembre de chaque année.

Dans les trois premiers mois de l'année suivante, il est vérifié par le juge de paix, qui adresse un rapport au porcureur impérial sur les résultats de cette vérification dans toutes les communes du canton.

L'absence ou la tenue irrégulière du registre peut être punie conformément à l'art. 50 du Code Napoléon.

Art. 5.

Lorsque dans les cas prévus par les règlements, le maire délivre un certificat à une femme qui veut se procurer un nourrisson, il est tenu d'y insérer en toutes lettres, la date de la naissance et les prénoms du dernier enfant de cette femme. Ces énonciations doivent en outre être déclarées conformes aux régistres de l'État Civil.

Toute contravention aux prescriptions du présent article peut être punie conformément à l'article 50 du Code Napoléon.

Toute déclaration reconnue fausse entraîne l'application des peines portées par le paragraphe 1r de l'article 155 du Code pénal.

Art. 6.

Nul ne peut ouvrir ou diriger un bureau de nourrices, ni exercer la profession d'intermédiaire pour le placement des nourrices et des enfants, sans en avoir obtenu l'autorisation du préfet de police dans le département de la Seine, et du préfet dans les autres départements.

TITRE II.

De l'Inspection, des Comités et de la Commission supérieure.

Art. 7.

Dans chacun des cantons où l'utilité d'établir une inspection du service des nourrices aura été reconnue par le Ministre de l'Intérieur, un ou plusieurs médecins seront chargés, sous son autorité, de cette inspection.

La rémunération de ces médecins sera à la charge de l'État.

Art. 8.

Sont soumis à la surveillance de l'inspection et tenus de recevoir les inspecteurs munis de leur commission :

1° Toute personne qui a chez elle, dans les conditions déterminées par l'art. 1er, un ou plusieurs enfants en nourrice ou en sevrage ;

2° Les bureaux de nourrices et tous les intermédiaires de profession désignés dans l'art. 6.

Art. 9.

Il sera formé, dans les communes et dans les cantons où l'utilité en aura été reconnue, des comités gratuits de surveillance et de patronage nommés par le Préfet. La commune où siégera le comité sera tenue de fournir gratuitement le local des séances.

Il est institué au chef-lieu de chaque département un comité central également nommé par le Préfet.

Art. 10.

Il est institué à Paris une Commission supérieure d'encouragement et de surveillance.

Cette Commission est nommée par décret du Président de la République.

Art. 11.

Les comités locaux et départementaux peuvent recevoir des souscriptions, des dons et des legs, posséder des objets mobiliers et faire les actes relatifs à ces droits.

Les comités locaux sont soumis pour l'acceptation des dons et des legs aux mêmes règles que les bureaux de bienfaisance.

Leur comptabilité est tenue par les receveurs municipaux.

L'acceptation de dons et legs faits au comité central du département est soumise aux mêmes règles que celle des dons et legs faits au département.

La comptabilité du comité central est tenue par le trésorier payeur général du département.

La Commission supérieure peut être autorisée à recevoir des dons et des legs.

Art. 12.

Dans le cas où un comité local cesserait de fonctionner, les fonds restant libres après la liquidation et le paiement des dépenses, seront versés dans la caisse du comité départemental sous la réserve, en ce qui concerne ces fonds provenant de dons ou legs, des clauses et conditions résultant de fondations particulières.

TITRE III.

Dispositions générales.

Art. 13.

Des règlements d'administration publique détermineront :

1° Les énonciations complémentaires que pourront contenir les déclarations prescrites aux art. 1, 2 et 3 et les pièces à produire à l'appui.

2° L'organisation de l'inspection et le mode de rétribution des médecins.

3° L'organisation et la composition des Comités.

4° Les attributions des Inspecteurs et des Comités ; leurs rapports, soit entre eux, soit avec les autorités publiques.

5° Les obligations imposées aux nourrices et aux différents intermédiaires et les conditions auxquelles sont accordées ou retirées les autorisations énoncées à l'art. 6.

Art. 14.

Toute infraction aux articles 6 et 8 ci-dessus ainsi qu'aux réglements d'administration publique peut être punie d'une amende de 1 à 15 francs, sans préjudice des peines plus graves qui seront encourues pour crimes ou délits.

Les art. 480 et 482 du Code pénal sont appliqués dans les cas prévus par le § 5 de l'article précédent.

Art. 15.

Les art. 463 et 483 du Code pénal sont applicables aux faits punis par la présente loi.

Art. 16.

Tous les actes intéressant l'exécution de la présente loi sont exempts des droits de timbre et d'enregistrement.

Art. 17.

Les mois de nourrice dûs par les parents ou par toute autre personne feront partie des créances privilégiées sur la généralité des meubles et prendront rang entre les numéros 3 et 4 de l'art. 2201 du Code Napoléon.

Art. 18.

Des subventions et des encouragements pourront être accordés sur les fonds de l'Etat, après avis de la Commission supérieure, aux comités locaux et départementaux dont les ressources seront reconnues insuffisantes, pour les aider à remplir leur mission et principalement pour favoriser l'allaitement maternel.

Indépendamment des secours accordés par les comités locaux et départementaux, des prix en argent, des médailles et des mentions honorables sont décernés par le Ministre de l'Intérieur, sur l'avis de la Commission supérieure, aux nourrices qui auront mérité d'être signalées pour les soins donnés par elles aux enfants qui leur étaient confiés.

Art. 19.

Il est publié chaque année par les soins du ministre de l'Intérieur une statistique détaillée de la mortalité des enfants en bas âge et spécialement de ceux qui sont placés en nourrice.

Tous les ans le Ministre de l'Intérieur adressera au Président de la République un rapport sur l'exécution de la présente loi. Ce rapport sera publié au *Journal officiel.*

A la suite de ce rapport le Ministre proposera, s'il y a lieu, pour les récompenses honorifiques, les médecins chargés de l'inspection les comités ou les membres de ces comités qui se seront distingués dans l'accomplissement de leur mission.

Art. 20.

Les crédits dont l'exécution de la présente loi nécessitera l'ouverture, seront, dans le budget de l'Etat, l'objet d'un chapitre spécial.

PROJET DE RÉGLEMENT.

(*Ce projet a été préparé par M. le baron de Beauverger, rapporteur de la Commission de la mortalité des enfants du premier âge, instituée en vertu du décret du 16 mars 1869.*)

TITRE PREMIER.

DES NOURRICES.

Article premier.

Toute nourrice qui voudra se procurer un nourrisson ou nourrir sur lieu devra être munie d'un certificat délivré par le maire de sa commune. Ce certificat, revêtu du sceau de la mairie, indiquera les nom, prénoms, âge, signalement, domicile et profession de la nourrice; son état civil; si elle est mariée, le consentement de son mari; les nom, prénoms et profession de ce dernier. Il attestera qu'elle n'a point de nourrisson et fera connaître sa conduite ainsi que ses moyens d'existence. Il indiquera la date précise de la naissance de son enfant, s'il est vivant ou décédé. Il devra aussi constater qu'elle est pourvue d'un garde-feu et d'un berceau. Un double de ce certificat sera déposé aux archives du comité de surveillance.

Art. 2.

La nourrice devra être munie, en outre, d'un certificat dûment légalisé, délivré par un docteur en médecine ou par un officier de santé. Ce certificat attestera qu'elle réunit les conditions désirables pour élever un nourrisson ; qu'elle n'a point de maladie contagieuse; que la naissance de son dernier enfant remonte à cinq mois accomplis; qu'il est décédé ou pourvu lui-même d'une nourrice.

Ce certificat sera visé par le maire et enregistré par le secrétaire du comité de surveillance.

Art. 3.

Aucune nourrice ne pourra se charger d'un enfant sans être munie d'un carnet.

Pour l'obtenir, elle devra se présenter, à Paris, à la préfecture de police, ou, dans les départements, à l'inspecteur de son canton, avec les deux certificats mentionnés ci-dessus. Il sera alors procédé à son inscription sur un registre spécial avec numéro d'ordre et à la délivrance du carnet, sur lequel sera relatée cette inscription.

Si la nourrice est déjà munie d'un carnet, l'inscription nouvelle y sera mentionnée.

Art. 4.

Une nourrice ne pourra allaiter qu'un seul enfant à la fois. Elle cessera donc d'allaiter le sien quand elle prendra un nourrisson. L'inspecteur devra lui rappeler cette disposition en l'inscrivant.

Art. 5.

Il est défendu à toute nourrice de se charger d'un ou de plusieurs nourrissons pour les remettre à d'autres nourrices.

TITRE II.

DES PLACEMENTS ET DES VOYAGES.

Art. 6.

Nul ne pourra s'entremettre pour le placement des nourrices et des enfants sans être muni de l'autorisation de la préfecture de police ou de celle du préfet du département où fonctionne son industrie. L'administration compétente fera examiner et surveiller les localités destinées aux nourrices, ainsi que les voitures qui devront transporter celles-ci et leurs nourrissons, et prescrira aux directeurs, logeurs, meneurs ou meneuses les conditions qu'elle croira nécessaires dans l'intérêt de la salubrité, de la sûreté, des mœurs ou de l'ordre public; ces conditions seront mentionnées dans les permissions et affichées dans l'intérieur des bureaux. En cas d'inexécution, l'autorisation pourra être retirée.

Art. 7.

Il est fait défense expresse aux directeurs des bureaux de nourrices et à leurs agents de s'entremettre pour procurer des nourrissons à des nourrices qui n'auraient pas été enregistrées et qui ne seraient pas munies d'un carnet. Il est aussi défendu aux meneurs et meneuses de r. conduire des nourrices dans leurs communes avec des nourrissons sans qu'elles soient munies des pièces énumérées à l'article ci-après.

Art. 8.

Il est également défendu aux meneurs et meneuses d'emporter ou de faire emporter des nourrissons sans que ces enfants soient accompagnés des nourrices qui doivent les allaiter.

Art. 9.

Si un enfant venait à mourir en route, il est enjoint à la nourrice, d'en faire immédiatement la déclaration devant l'officier de l'état civil de la commune où il décéderait. Expédition de l'acte de décès sera adressée par ce fonctionnaire au maire de la commune où réside la nourrice.

Art. 10.

Défense est faite aux directeurs de bureaux, meneurs et meneuses, de procurer plus d'un enfant à la fois à la même nourrice.

Art. 11.

Les directeurs de bureaux et logeurs de nourrices seront tenus d'avoir un registre coté et paraphé par le commissaire de police de leur quartier ou par le maire de leur commune. Sur ce registre devront être inscrits le nom, l'âge, le domicile de la nourrice; le nom et la profession de son mari, si elle est mariée; la date de naissance du dernier enfant dont elle est accouchée, en indiquant s'il est vivant ou mort ; le jour de l'arrivée et du départ de la nourrice, ainsi que le nom du meneur. Ce registre devra aussi indiquer le sexe, les noms et l'âge de l'enfant qui sera confié à la nourrice, ainsi que les noms et demeure des parents ou de la personne dont elle aura reçû cet enfant.

Art. 12.

Tout directeur de bureau ou logeur de nourrices sera tenu de fournir, dans les vingt-quatre heures, au commissaire de police ou, à défaut, au maire de la commune, un bulletin constatant le départ de chaque nourrice. Ce bulletin, qui sera immédiatement transmis à l'autorité compétente, devra indiquer le sexe, les nom et prénoms de l'enfant ; les noms et domicile de la nourrice, des parents de l'enfant ou des personnes qui les représenteraient. Si la nourrice part sans enfant ou si elle se place comme nourrice sur lieu, le bulletin devra l'indiquer, il fera connaître, dans le dernier cas, les noms et domicile des personnes à qui elle aurait été procurée.

Art. 13.

Tout enfant remis à une nourrice portera, fixé à ses vêtements ou attaché à son cou, un numéro avec ses initiales. Ces indications seront mentionnées sur le registre et sur le bulletin exigés par les deux articles précédents. Le maire en fera mention sur le registre prescrit par l'article 2 de la loi. Ce registre doit également contenir l'indication des pièces remises à la nourrice au moment du dépôt, et qui sont : 1° l'acte de naissance de l'enfant ou un bulletin de la mairie destiné à en tenir lieu ; 2° un engagement souscrit, soit par les parents, soit par l'intermédiaire qui les représente, pour le payement des mois de nourrice. Ces pièces seront paraphées par le maire, qui conservera l'acte de naissance, et, en cas de décès, le renverra avec mention de ce décès à la mairie qui l'aura délivré.

TITRE III.

DES INSPECTEURS.

Art. 14.

Le service de l'inspection des nourrices se compose de médecins inspecteurs cantonaux nommés par le Ministre de l'intérieur, sur la proposition des préfets.

Art. 15.

Les médecins inspecteurs cantonaux seront tenus de faire des visites mensuelles, et plus fréquentes, si besoin est, aux nourrissons placés dans leur circonscription. Ils s'assureront que ces enfants sont allaités, convenablement logés, et reçoivent tous les soins nécessaires.

Ces visites feront le sujet d'un rapport adressé trimestriellement en double expédition au préfet et au Ministre de l'intérieur. Des extraits en seront adressés, par les soins du préfet de police à Paris ou des préfets, dans les départements, aux familles qui en feront la demande. En cas de décès d'un enfant, le médecin, appelé par le maire, rédigera immédiatement un rapport sur les causes apparentes du décès. Ce rapport sera envoyé à la préfecture de police ou à la préfecture du département, qui en fera passer immédiatement un extrait à la famille de l'enfant.

Art. 16.

En cas de contravention aux lois et règlements en vigueur, les médecins inspecteurs devront en donner avis au maire et requérir, s'il y a lieu, la constatation des faits. Ils profiteront de leurs visites pour donner des conseils d'hygiène et prescrire les mesures nécessaires à la santé et à la conservation des enfants ; ils leur donneront même les soins d'urgence, lorsque les parents ou les bureaux n'auront pas désigné d'autres médecins.

Art. 17.

Dans le cas où le médecin constaterait, soit chez la nourrice, soit chez l'enfant, les symptômes d'une maladie contagieuse, il fera cesser sans retard l'allaitement et préviendra le préfet de police ou le préfet du département, qui en donnera avis aux parents et à l'autorité compétente.

Il en sera de même en cas de grossesse.

TITRE IV.

DES COMITÉS.

Art. 18.

Les comités locaux sont formés du maire, du curé ou du pasteur, et de trois autres personnes au moins, dont deux mères de famille, religieuses ou autres femmes respectables.

Art. 19.

Le comité local de chaque commune s'assemblera au moins une fois tous les trois mois, et plus souvent, si la convocation est jugée utile par son président ou réclamée par deux de ses membres.

Chacun deux s'occupera individuellement de la visite des enfants, de la surveillance des nourrices, des besoins des uns et des autres ainsi que des moyens d'y pourvoir.

Art. 20.

Chaque comité communal aura un secrétaire chargé de la tenue d'un registre où seront portés les noms des nourrices et des enfants et la mention de certificats prescrits par les articles 1er et 2 du présent règlement.

Art. 21.

Le comité communal requerra, quand il le jugera nécessaire la visite de l'inspecteur cantonal et pourra lui demander un rapport.

Art. 22.

Lorsque le prix de la pension d'un nourrisson cessera d'être servi, la nourrice devra en faire la déclaration à la mairie de la commune ; le maire devra immédiatement en donner avis au préfet et réunir le comité pour aviser s'il y a lieu, aux moyens d'aider la nourrice en attendant le retrait de l'enfant.

Art. 23.

Tous les ans, le comité local fera connaître au préfet, les nourrices qui auront mérité d'être signalées pour leurs soins et leur bonne conduite, de même celles qui se seraient fait remarquer par leur négligence.

Art. 24.

Le comité départemental sera composé du préfet, du procureur impérial, d'un ministre du culte, de l'inspecteur des Enfants assistés, secrétaire, et de trois mères de famille choisies dans le département.

Art. 25.

Le comité départemental accordera, sur la rapport du préfet, et au moyen des fonds départementaux ou particuliers mis à sa disposition, des récompenses pécuniaires aux nourrices les plus méritantes.

Il prendra en note ou fera connaître à la préfecture de police celles qui n'auraient pas justifié la confiance des familles. Il indiquera, par un rapport au Ministre de l'intérieur, les dévouements exceptionnels, et signalera également les services distingués rendus par les inspecteurs cantonaux ou membres des différents comités.

Art. 26.

Sont membres de droit de la Commission supérieure, le président en exercice de l'Académie de médecine et celui de la Société protectrice de l'enfance établie à Paris.

VERSAILLES, 59, RUE DU PLESSIS, CERF & FILS, IMPRIMEURS DE L'ASSEMBLÉE NATIONALE.

www.ingramcontent.com/pod-product-compliance
Ingram Content Group UK Ltd.
Pitfield, Milton Keynes, MK11 3LW, UK
UKHW020455230726
13925UKWH00005B/1956